Vicki Lansky

101 maneras de ser un papá especial

Prólogo de Jim Levine
Director del Proyecto Paternidad
Ilustraciones de:
Kaye White

PANORAMA EDITORIAL
POR LA SUPERACIÓN DEL SER HUMANO Y SUS INSTITUCIONES

101 MANERAS DE SER UN PAPA ESPECIAL

Título original en inglés:
101 WAYS TO BE A SPECIAL DAD

Copyright © by Vicki Lansky

Publicado por Contemporary Books, Inc.

Traducido al español por:
Guillermo Balderrama Múñoz

Primera edición en español: 1998
Tercera reimpresión: 1999
© Panorama Editorial, S.A. de C.V.
    Manuel Ma. Contreras 45-B
    Coi. San Rafael 06470 - México, D.F.

Tels.: 55-35-93-48 • 55-92-20-19
Fax: 55-35-92-02 • 55-35-12-17
e-mail: panorama@iserve.net.mx
http://www.panoramaed.com.mx

Printed in Mexico
Impreso en México
ISBN 968-38-0712-7

Gracias especiales a todos los papás que han compartido tareas conmigo a lo largo de los años a quienes les gusta (y lo hacen) jugar con sus hijos con o sin la ayuda de este libro que compartieron concretamente sus habilidades conmigo: Phil Courter, Randall Horton, Chris Johnson, Bruce Lansky, James Levine, Peter Lowry, Harvey Plotnick y David Stewart

Prólogo

Todos los padres deberían conocer a Vicki Lansky. Durante casi dos décadas —desde que escribió *Feed Me, I'm Yours* y *The Taming of the Candy Monster*— la autora ha estado ofreciendo consejos prácticos a los bien intencionados, y a menudo agobiados, de nuestra especie.

Lo que siempre ha distinguido la obra de Vicki es que su trabajo siempre se basa en auténticas experiencias de los padres. Continuamente conversa con padres de aquí y allá. Algo más importante: siempre está dispuesta a escuchar. En todo momento permanece atenta a las pequeñas cosas que surten efecto.

En este libro, por primera vez, Vicki ha centrado su atención en los papás. Pero, como siempre, ha escuchado con mucha atención. Sé, gracias a nuestro trabajo con miles de padres, que los consejos de Vicki —algunos ya conocidos y otros enteramente nuevos— le ayudarán a mantener siempre la comunicación con sus hijos.

James A. Levine
Director del Proyecto Paternidad
Instituto de Familias y Trabajo
Nueva York, Nueva York

Introducción

¡Un aplauso para los papás! Ellos aportan a la crianza de los hijos algo muy especial que resulta realmente distinto de lo que las mamás ofrecen. Pero a veces, ocupados en las actividades de la vida cotidiana, los papás olvidan cómo criar a los hijos. No creo que exista por ahí algún papá a quien no le gustaría recurrir a algunas ideas más.

Bueno, aquí están 101 sugerencias. Son fáciles de leer y de llevar a cabo, y alegrarán los corazones tanto de los niños como de los papás. ¿Cómo lo sé? Porque las he aprendido de otros papás que disfrutaban de estas actividades o los consejos les parecían valiosos. Así que tómese un momento para conocer algunas ideas nuevas —o recordar otras— y enriquecer su caudal. La mayoría de las actividades se proponen como tareas individuales, pero se pueden adaptar para incluir a algunos o a todos sus hijos.

Desde el punto de vista de una mamá, añadiré que me parece que el 90 por ciento de una crianza adecuada de los hijos consiste sencillamente en estar presente en el momento oportuno. No siempre es fácil. Si el trabajo se lo impide y la distancia se lo permite, podría considerar la idea de ir a casa a comer y pasar un rato con la familia, y luego regresar a la oficina. Tendrá que trabajar más después, pero el tiempo que comparta con sus hijos significa para ellos mucho más de lo que usted pueda imaginar. Si la comida no resulta práctica, anime a los niños a acompañarlo durante el postre para conversar un poco. En todo caso, trate de reservar parte de cada día a pasar un rato juntos. En el mundo de hoy, no es fácil disponer de tiempo de calidad. Es algo que es necesario buscar.

Sus hijos pueden aprender de usted que los papás lloran, se asustan y cometen errores. Evite decir frases como: "Los niños (niñas) grandes no lloran". Sí lo hacen. Aprenda a decir: "Sé que te sientes mal (dolido, estás asustado). Te amo. Déjame abrazarte", y "Metí la pata. Lo lamento". Para los adultos o los niños, las lágrimas no son una muestra de debilidad. Las lágrimas suelen ser una manera de manifestar dolor —físico o emocional—, que es mejor expresar que reprimir.

El mejor consejo para los padres es uno que tal vez haya escuchado antes, pero vale la pena repetirlo: amar (o, al menos, respetar) a la madre de sus hijos, y dejar que sus hijos vean que la ama. Los niños recuerdan todos los momentos de afecto entre los padres... así como todas sus espantosas peleas. Escoja con cuidado sus palabras y acciones. Estas son la verdadera herencia que dejará a sus hijos.

Vicki Lansky

1

Inventar historias para contárselas a su hijo o hija es fácil si recuerda unas cuantas directrices: comience siempre diciendo "Erase una vez..."; utilice su nombre, el de su hijo y algunos fantásticos para personajes recurrentes; no tema recurrir a un

...y ella se llamaba Georgina ¡igual que tú!

poco de suspenso o violencia, y, si tiene que contar el final, deje que la historia concluya con magia (un poco de "¡Sorpresa!" o "¡Abracadabra!").

De vez en cuando lleve a su hijo al trabajo en o fuera de horas de oficina. Al niño le encantará visitar su lugar de trabajo, que usted le muestre qué hace y, si resulta apropiado, que le presente a su jefe y sus compañeros. Si labora usted en una oficina, tenga a la mano sujetapapeles, grapas, papel, calculadora y objetos parecidos para mantener ocupado a su pequeño "empleado eventual".

3

Convierta una expresión preocupada en una risita con este truco: simule que las demás partes de su cara son palancas que controlan su lengua. Apriétese la nariz con un dedo y saque la lengua; tírese del

lóbulo de la oreja y mueva la lengua hacia el lado opuesto; meta la lengua cuando se tire de la nuez de Adán. Pida a su hijo o hija que haga lo mismo y ¡vea si mueve la lengua al realizar los mismos movimientos que usted!

La próxima vez que trabaje usted en el exterior de su casa, suba a su hijo o hija a una carretilla y déle un paseo por el patio. Mamá prefiere las carretillas limpias, pero no deje que una sucia lo desanime. ¡Su hijo lo disfrutará todavía más!

5

Lance una pelota o *birdie* a cualquier clase de raqueta que sostenga su hijo o hija de cinco años o más. A él o ella le encantará simple-mente gol-pear la pelota. Después podrá enseñarle a mover la raqueta.

¡Le ha ayudado su hijo o hija a diseñar y colgar un letrero "¡Fuimos a pescar!" Lleve caña, carrete y licencia de pesca para los dos (si es necesario) y un poco de carnada. Los empleados de alguna tienda de artículos de pesca o de deportes tendrán mucho gusto en aconsejarle a un pescador principiante cómo utilizar el equipo y escoger un cebo apropiado. Si no le gusta emplear una carnada viva, pesque algo que no la requiera.

Lleve a uno o a dos de sus hijos cuando haga alguna diligencia. Los niños pueden participar de muchas maneras, como, por ejemplo, echar cartas en el buzón, seleccionar comestibles como pepinos o cereales, contar el cambio o llevar lo que usted haya comprado.

El mejor lugar para jugar con un niño de cualquier edad es tal vez el piso o suelo. Allí puede dejar que su hijo, si es pequeño, se quede dormido sobre su pecho, o hacer gimnasia, o compartir un juego de mesa, leerle un cuento o sencillamente contemplar el techo o el cielo. Llevar a cabo estas actividades en el suelo le levantará el ánimo y acrecentará el tiempo de calidad que pase con su hijo.

¿E̲s un día lluvioso? Construya un escondite para su hijo o hija. Puede levantar una fortaleza con sábanas y cojines, o sencillamente esconderse debajo de las colchas.

Métanse allí, sin olvidar una linterna y algunos libros para leer o algún juego para compartir.

Juegue a la pelota con calcetines. Meta una pelota maciza pero no dura en un calcetín y anude éste. Para los niños es fácil agarrar el calcetín de la "cola", balancearlo y arrojarlo. ¡También les resulta más fácil atraparlo!

Lleve a sus hijos a un pequeño campo de golf. Los niños pueden escoger el palo del tamaño apropiado para ello, así como una pelota de su color favorito. No dé demasiadas instrucciones y diviértanse. Después de haber terminado el juego, celébrenlo con algunos refrigerios y recuerden los mejores momentos y los peores tiros.

12

Vaya al campo a buscar algún huerto o granja. Así los niños podrán aprender que las frutas sólo se *venden* en las tiendas, pero no se *cultivan* allí.

¿No le gustaría plantar un árbol, un arbusto o una planta de interior? Nombre a su hijo su ayudante oficial en jardinería y trabajen juntos. Sigan haciéndolo —regando, quitando la maleza y vigilando el crecimiento de la planta— y tendrán así un testimonio permanente del tiempo que pasaron juntos.

14

¿No acostumbran todos los papás, aún en cama, leer a sus hijos las tiras cómicas los domingos por la mañana? Si usted no lo hace, está desperdiciando uno de los mayores placeres de ser padre. (¡Nunca es demasiado tarde para empezar!)

Aparte un juego adicional de herramientas sencillas y materiales para que su hijo los utilice cuando usted trabaje con sus propias herramientas. Un poco más de alambre y madera, así como un desatornillador y un martillo pueden ser la base de admirables creaciones. Enseñe a su hijo o hija los nombres de las herramientas, para que él o ella pueda ayudarlo entregándole lo que necesite.

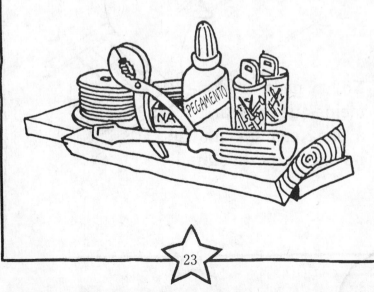

¿Le gusta pasear en la montaña rusa?
Si usted disfruta de los "paseos rápidos"
en los parques de diver-
siones, a su hijo le en-
cantará que lo acom-
pañe a conocerlos.

No hay nada
mejor que agarrarse
a papá cuando uno tie-
ne miedo o está agitado.

Juegue al futbol con su hijo o hija.

Es un deporte adecuado para los niños pequeños, pues es más fácil para éstos pueden patear una pelota que lanzarla. Tal vez le parezca más fácil y menos competitivo driblar con la pelota que patearla de una lado para otro.

18

Haga un viaje a una estación de trenes.

Es emocionante ver y escuchar a esas grandes máquinas llegando y partiendo. Tal vez puedan ir y venir a otra estación cercana.

¡**U**na fuerzas con sus hijos para cocinar!

Los fines de semana, usted y sus niños pueden encargarse cuando menos del desayuno o la comida, ya sea preparando *hot cakes*, torrejas o sandwiches de queso a la parrilla. Haga de esto una tradición familiar.

Si no le ha puesto un apodo cariñoso a su hijo, invente uno (ninguno sarcástico). Puede convertirse en una expresión personal muy especial de afecto que un niño recuerde con cariño a lo largo de los años.

HOMBRE MAGICO

Encanto

El Gran Tomás

Chispas   RAYO

Aprenda unos cuantos trucos de magia y utilícelos para entretener o divertir.

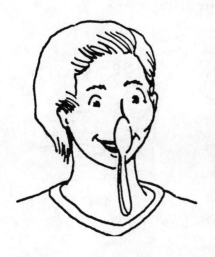

Inténtelo con el sencillo "acto de la cuchara que cuelga de la nariz" (Caliente la cuchara con el aliento o frótela con los dedos para que se adhiera). Luego finja que la cuchara está pegada a su nariz ¡y que es necesario arrancarla!

La próxima vez que esté cerca de algún lago o charca, enseñe a su hijo o hija a hacer rebotar piedras.

Muéstrele cómo escoger la clase adecuada piedra —lisa, redonda y plana— e indíquele la técnica correcta apropiada. Cuando su hijo adquiera habilidad en esto, vea quién puede hacer rebotar las piedras más lejos o más veces.

$$1 \text{ TOUCHDOWN} = 6$$
$$1 \text{ CONVERSIÓN} = 1$$
$$+ \ 1 \text{ GOL DE CAMPO} = 3$$
$$\overline{\phantom{+ 1 \text{ GOL DE CAMPO} = }10}$$

¿Es usted un entusiasta de los deportes? La próxima vez que transmitan un partido importante por televisión, explique a su hijo o hija el objetivo y las reglas básicas. Dígale en qué consiste una buena jugada. Los niños pueden incluso practicar las matemáticas llevando la cuenta del marcador.

A la hora en que su hijo o hija se acuesta, acostúmbrese a hacerle una pregunta especial, como por ejemplo:

"¿Qué fue lo mejor que te sucedió este día?"

"¿Quién te dio las gracias/te abrazó/ te ayudó hoy?"

"¿Con qué vas a soñar esta noche?"

No olvide decirle "te amo" cuando converse con él o ella antes de desearle buenas noches.

La próxima vez que trabaje al aire libre, entregue a su pequeño hijo una brocha limpia y de buen tamaño, una cubeta de agua y déle instrucciones para que "pinte" la casa, la cerca o la banqueta. A medida que el agua oscurezca la superficie, el chiquillo tendrá la sensación de que está pintando realmente.

Realice un recorrido por los alrededores y deje que su hijo o hija sea su copiloto. Al ir al centro comercial, un niño pequeño puede decidir si debe dar vuelta a la derecha, a la izquierda o seguir derecho en las intersecciones. Un niño más grande puede manejar un mapa marcado con un rotulador para efectuar un viaje más largo.

Todos los niños —hombre o mujer— pueden aprender (¡con la ayuda de papá!) a hacer el nudo de la corbata. Empiece colocando ésta alrededor del cuello con la punta gruesa a la izquierda. Ajústela de tal manera que el extremo grueso sea dos veces más largo que la punta delgada, a la derecha. Con la punta gruesa envuelva la delgada, pásela alrededor del cuello V, y luego alrededor y a través del "túnel". Mientras se hace esto, deben verse juntos en el espejo. Regale a su hijo una de sus corbatas viejas para que practique con ella.

En compañía de su hijo, visite la biblioteca. Adquiera la costumbre de leer allí un libro y llevarse los demás a casa.

P.D. No tiene nada de malo aumentar su posición social leyendo libros que favorecen a los padres, como por ejemplo: *A Perfect Father's Day*, de Eve Bunting, o *The Summer Night*, de Charlotte Zolotow.

Destine parte o todo su dinero suelto a los ahorros "de los niños" y cada noche divídalos entre sus hijos. Haga que los mayores lo cuenten antes de guardarlo en una alcancía. Esta costumbre puede ayudarle a mantener la cómoda menos atestada y sin duda también animará a su hijo o hija a adquirir el hábito de ahorrar.

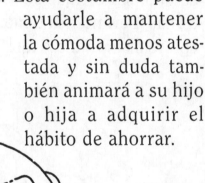

Vaya de campamento con su hijo o hija. Si no es usted un profesional, comience acampando en el patio de su casa y luego acudiendo a un campamento local. Reúna su equipo, sin olvidar bolsas de dormir y linternas. Levanten la tienda juntos y delegue con realismo tantas tareas como pueda.

Ponga música rápida a alto volumen, tome bajo cada brazo a sus pequeños hijos y gire hasta que todos, mareados, se desplomen. Es una diversión tonta y agotadora, y nadie resulta lastimado.

¡Eche a volar un papalote... ¡junto con su hijo!

Escoja un papalote sencillo, fácil de echar a volar y un día en que sople mucho el viento. No olvide llevar material para reparación. Haga que su hijo o hija sienta que él o ella está al frente de la situación permitiéndole que sostenga la cuerda mientras usted se ocupa del papalote. Deje que el pequeño o la pequeña participe tanto como sea posible.

Comparta con su hijo o hija la historia (cualquier versión servirá) de la olla de oro al final del arco iris. Juntos busquen el arco iris si el sol sale después de un aguacero. O construya su propio arco iris:

Pegue con cinta adhesiva varios lápices de cera de modo que dentro de casa pueda dibujar sobre papel arco iris, o gises de colores para emplearlos al aire libre, en banquetas y caminos de entrada.

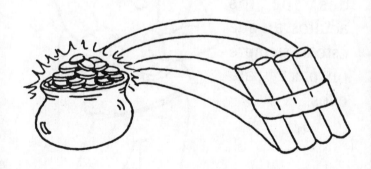

Pregunta: ¿Por qué será que a todos los papás les gusta pasear a sus hijos sobre los hombros?

Respuesta: No importa por qué, ¡pero no deje de hacerlo! A los pequeños les encanta tener la oportunidad de ser más grandes que los adultos, así que esto es siempre un placer para ellos.

Si es usted un "viajero", llame a casa todos los días para hablar con su hijo o hija. Pídale a él o ella que le cuenten los pormenores de los sucesos del día. Después pida hablar con la maravillosa madre de su hijo o hija, lo cual sin duda será alentador para él o ella, así como para su esposa.

36

Que su hijo le ayude cuando lave su automóvil. Los niños se llevan bien con las esponjas enormes, el agua jabonosa y las mangueras. Disfrutarán de su compañía mutua, y si hace calor y tiene lugar una pelea con agua, también se divertirán mucho. Luego den un paseo para presumir su trabajo.

Escriba poemas y cuentos sobre sus hijos y compártalos con ellos a la hora de acostarse o en algún otro momento de tranquilidad. No existe mejor manera de decirle a la gente que se le ama que creando algo único para ellos.

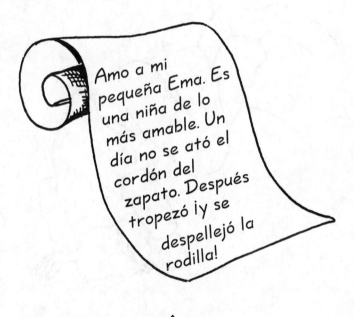

Amo a mi pequeña Ema. Es una niña de lo más amable. Un día no se ató el cordón del zapato. Después tropezó ¡y se despellejó la rodilla!

¡**A**yude a su hijo para que aprenda a dar saltos mortales!

Cuente cuántos saltos seguidos puede dar. Háganlo juntos. El niño se deleitará viendo a su papá dando saltos mortales.

Pídale a su hijo o hija que piense en palabras que rimen con otro término sencillo, por ejemplo *choza* o *nariz*. Esta es
una manera divertida de pasar el rato
mientras se conduce o se espera en un
restaurante.

choza

moza

loza

goza

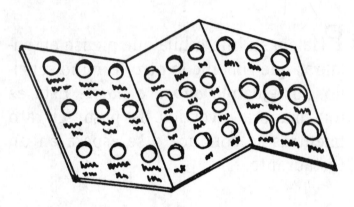

¿Coleccionaba monedas cuando era niño? Explore esa posibilidad de nuevo o por primera vez junto con su hijo o hija. Ayúdele a decidir qué tipo de monedas pueden coleccionar. Compre un estuche para que el niño guarde la colección, visite tiendas de monedas, saque de la biblioteca libros que hablen del tema y examine el dinero suelto en busca de monedas raras.

No es necesario ser un amante del arte para disfrutar de los museos. Lleve a su hijo o hija a esos "otros" museos, como el de los niños, el de ciencia, el de historia natural, o a un planetario. Los pequeños son siempre una buena excusa para explorar algunos de esos lugares que uno tiene la intención de visitar.

De camino al trabajo, deje a su hijo o hija en la guardería o en la escuela o vaya por él o ella en la tarde. Así no sólo comparte la responsabilidad, sino que también tiene la oportunidad de pasar un tiempo a solas con su hijo. Sorpréndalo una tarde (que mamá lo sepa) recogiéndolo y yendo de picnic, al cine o a cenar fuera.

Deje que su hijo o hija baile con usted al ritmo de su música favorita: primero en sus brazos, cuando es bebé; después

parado sobre los pies de usted, cuando sea un poco más grande. A medida que su hijo, alterne piezas para bailar. Es una manera estupenda de estar cerca de él o ella y, al mismo tiempo, mantenerse al tanto de las tendencias musicales del momento.

Enseñe a su hijo a hacer una máscara con los dedos y convertirse en miembro oficial del Club del Joven Pájaro. Consiste en formar un círculo con los dedos pulgar e índice. Mantenga un círculo sobre cada ojo (estas son las gafas del Joven Pájaro) colocando al revés la mano de manera que los dedos se extiendan sobre cada lado de la cara (los codos sobresaldrán) y cante:

En el aire, Joven Pájaro,
En el aire, cabeza abajo
En el aire, Joven Pájaro,
¡Con los hombros hacia el suelo!

Asista a las competencias deportivas, obras de teatro y otras actividades en que participe su hijo. Antes de ofrecerse a actuar como entrenador del equipo o jefe de los explora- dores, hable con su hijo o hija para cer- ciorarse de si él o ella le parece bien que usted desempeñe ese papel. Si no dispone de mu- cho tiempo, tal vez pueda com- partir la tarea con otro padre.

46

Ingresen usted y sus hijos en la Asociación de Jóvenes Cristianos (YMCA), que cuenta con un programa para niños de cinco a nueve años de edad. Solicite información en las instalaciones de la YMCA del lugar donde vive usted. Así tendrán la oportunidad de conocer a otros papás y a otros chiquillos.

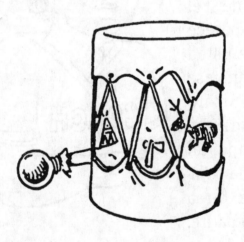

Forme equipo con su hijo para lavar los platos después de cenar. Los niños que son demasiado pequeños para alcanzar el fregadero pueden levantar la mesa y limpiar los platos. ¡Además puede emplear una escalera de mano para que su hijo le ayude! Es una buena tradición y un buen momento excelente para compartir ideas.

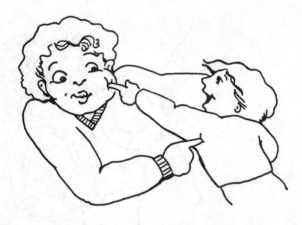

¿Recuerda cómo se pueden inflar las mejillas de modo que sea posible desinflarlas con el dedo? Infle una mejilla cada vez y, clavándose el dedo, desplace el aire al otro cachete. Luego hinche las dos mejillas y expulse el aire dándose con el dedo en los dos cachetes. Si sus hijos tienen la edad suficiente para ello, deje que ellos le desinflen las mejillas con el dedo.

Grabe las iniciales de su hijo en madera, por ejemplo en una árbol del patio o en la banca del jardín del abuelo. (Por supuesto, tenga cuidado de no estropear la propiedad pública.)

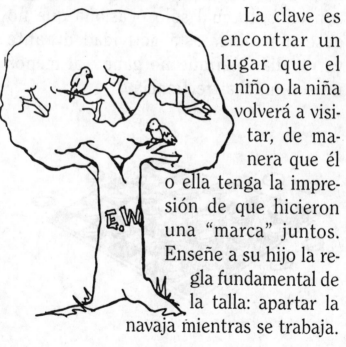

La clave es encontrar un lugar que el niño o la niña volverá a visitar, de manera que él o ella tenga la impresión de que hicieron una "marca" juntos. Enseñe a su hijo la regla fundamental de la talla: apartar la navaja mientras se trabaja.

Cuando se trata de jugar con niños pequeños existe una regla fundamental: USTED DEBE PERDER. Debe perder siempre. Los chiquillos no aprenderán nada de la vida real si los derrota al jugar con ellos, lo cual sólo ocasiona que no deseen realizar esta actividad durante varios días. Así que no gane... al menos no con mucha frecuencia.

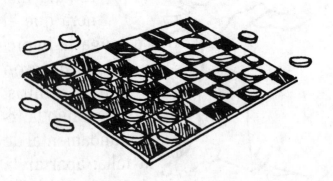

51

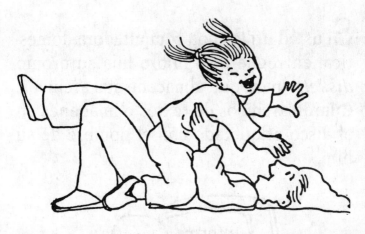

No hay nada más extraordinario para los niños que un encuentro de lucha libre con papá. Asegúrese de adaptar su fuerza y velocidad a la habilidad y sensibilidad de cada pequeño. A los chiquillos les encanta tener la oportunidad de vencer a una de los personajes más influyentes que forman parte de su vida.

Si usted utiliza una computadora doméstica, entregue a su hijo o hija su propio *diskette* para que almacene sus archivos. Guarde archivos de textos o imágenes en el disco etiquetado con el nombre de su hijo.

53

¿Ya abrazó a su hijo o hija hoy?
Tanto niñas como niños necesitan que su padre les exprese afecto.

Juegue a la pelota con su hijo o hija. Si él o ella apenas empieza a andar, utilice una pelota blanda. A medida que se desarrollen sus habilidades, aumente la distancia entre ustedes, así como la velocidad del lanzamiento. Los juegos de pelota y paleta de velcro son populares porque facilitan atrapar la pelota y de esta manera aumentar el éxito del niño.

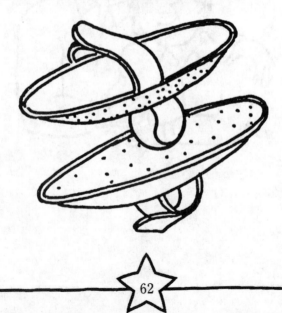

55

Localice sus libros favoritos de la infancia. Cuéntele a su hijo la historia de cómo llegaron a sus manos, dedíqueselos con todo el cariño de papá, regáleselos y, por supuesto, léaselos.

Recuerde: incluso a un niño grande que sepa leer le encanta que papá le lea.

Si por la noche dispone de poco tiempo, o ninguno, para pasarlo junto a sus hijos, cada semana o mes lleve a desayunar a uno de ellos cada vez. Esta es una tradición admirable.

57

Cuando no pueda ganarles, déjelos rendidos. Por ejemplo, ponga a su hijo o hija a correr alrededor de la casa o a subir y bajar las escaleras y tómele el tiempo. Anote éste para darle carácter oficial a la prueba.

Desde su lugar de trabajo envíe una sorpresa (por ejemplo, una tarjeta postal, una cinta o un libro) a su hijo o hija. ¿A quién no le gusta recibir algo agradable por correo?

¡Es muy propio de adultos!

Haga arreglos para comer con su hijo o hija en la guardería, en el jardín de niños o en la escuela primaria.

Previamente hable de esto con su hijo o hija, sobre todo si él o ella es grande, o déle una sorpresa.

Si a su hijo o hija le gusta la filatelia, dedíquese a buscar estampillas interesantes que llegan con la correspondencia.

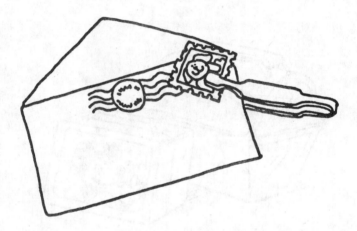

También pídale a sus compañeros de trabajo que le ayuden. En casa, anime a su hijo a consultar un globo terráqueo o un atlas mientras trabaja con los timbres. Esto dará una nueva dimensión al pasatiempo.

Si puede, invierta en un aro de balon-
cesto para su hijo o hija. Un mano a mano
con él o ella puede ser bueno tanto para
la relación
entre uste-
des como
para su
salud.

Planee un momento especial para rentar la película favorita de su hijo o hija. Luego prepare palomitas de maíz y vean la película juntos sentados en el piso.

63

Juegue beisbol con papel de periódico dentro de casa. Es una excelente actividad que se puede realizar en los días lluviosos.

Con el papel haga un bat y una pelota, y péguelos con cinta adhesiva.

Por gusto, hornee algo (¿qué le parecen unos pastelitos?) junto con su hijo o hija cuando él o ella tenga que llevarlo a la escuela o a una fiesta... ¡o incluso cuando no sea necesario! No tiene por qué hacerlo sólo mamá. Facilitan mucho la tarea mezclas y glaseados. Su hijo o hija puede ayudarle a batir la pasta, a poner el reloj automático y a decorar el pastel con diseños especiales.

Enseñe a su hijo a hacer un avión de papel. A todos los niños les encanta esto. Luego, si es posible, haga volar el avión desde lo ALTO de algo.

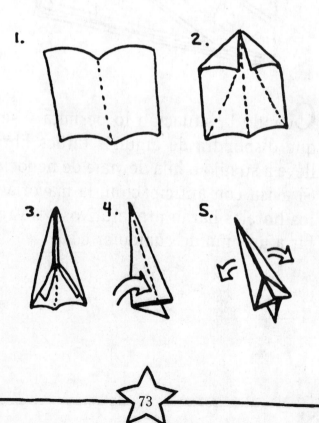

Cuando la situación lo permita y sepa que dispondrá de algunas tardes libres, lleve a su hijo o hija de viaje de negocios. Si avisa con anticipación, la mayoría de los hoteles harán preparativos para recibir a un niño de cualquier edad.

Los papás pueden ayudar a sus hijos a aprender a hacer muchas cosas importantes; por ejemplo, silbar (para los principiantes es más fácil succionar el aire que soplar), chasquear los dedos, echar un volado, atarse los cordones de los zapatos (déjelos que practiquen con los cordones de usted, pues son más grandes, lo cual facilita la tarea), hacer pompas de jabón, remar y cortar una calabaza.

¿Qué otra cosa se puede añadir a esta lista?

68

Inicie la tradición de los abrazos fuertes o del abrazo familiar.

No hay nada mejor que estar entre los brazos de las personas que amamos (y que nos aman).

Como actividad vespertina, tome fotografías junto con su hijo o hija. (Puede comprarle una cámara, pedir prestada una o adquirir un aparato desechable). Fotografíen todo: familia y amigos, mascotas y huecos, unos a otros. Haga un álbum con las fotos.

Ayudar a su hijo o hija a desarmar objetos o aparatos descompuestos pero poco
interesantes resulta especialmente divertido cuando el objeto está de verdad su-
cio o grasoso, como una segadora de
césped. Asegúrese de que todo el mundo
está vestido con ropa fácil de quitarse.

Acompañado de su hijo, vaya a escoger un regalo "espontáneo" para mamá.

Es una manera amable de inculcar el hábito de hacer regalos con espontaneidad. Además, su hijo o hija disfrutarán de participar en la sorpresa.

72

De vez en cuando, tiéndase en el piso junto a su hijo o hija para ver el programa de televisión favorito de él o ella. Haga que le explique los matices de las relaciones entre los personajes y también que le diga qué es lo que más le gusta del programa.

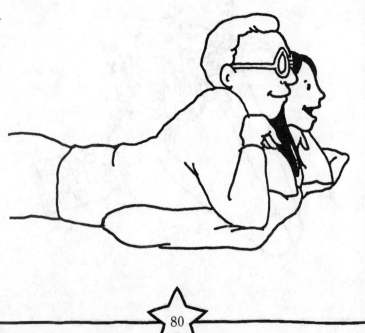

Una pajarera sencilla es un buen proyecto de carpintería.

Las pajareras rudimentarias les gustan tanto a los niños como a las niñas, requieren de muy poco lijado, se pueden construir en unas cuantas horas y por lo general quedan listas para instalarse de inmediato. Busque en la biblioteca libros que expliquen cómo hacer una pajarera y que contengan diagramas. Asegúrese de que el tamaño y el estilo de ésta sean propios de los pájaros de la zona donde usted vive. Luego compre un libro de identificación y anote en él las veces que su hijo reconozca varias aves.

Si sus padres viven cerca, visítelos junto con sus hijos. Puede ser un buen momento para hablar de su propia infancia con los niños.

Además, pocas veces los padres tienen la oportunidad de verte, papá, sin tu cónyuge.

Juegue a las "vencidas" con su hijo.
¡A los niños les encanta!

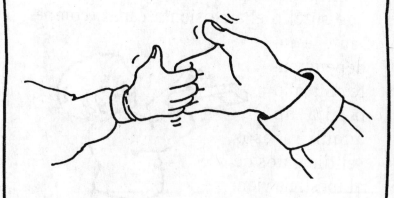

Bajo su supervisión, deje que su hijo o hija utilice aparatos más complejos de los que por lo general se le permite emplear, como por ejemplo, una lijadora. Esto hará que su él o ella se sienta capaz, competente e independiente. Su hijo o hija no adquirirá esos sentimientos de autoestima viendo la televisión.

Convierta a su pequeño o pequeña en un instrumento musical. Haga de cuenta que sus dedos del pie son una armónica. Sople en el ombligo del niño para crear efectos sonoros. Utilice los pies como un instrumento de percusión para mantener el ritmo de la música rápida. Enseñe a su hijo a hacer "trompetillas".

Si a su hijo o hija le interesan los barcos, trenes o aviones, trabaje junto con él o ella para construir un modelo, estático o incluso de control remoto. Se pueden conseguir en el mercado modelos para armar que requieren de distintos niveles de habilidad. Su objetivo debe ser evaluar continuamente el grado de destreza de sus hijos y dejarlos hacer todo el trabajo de que son capaces. De esta manera no se aburrirán mientras los "ayuda" ni se sentirán frustrados al tener que armar modelos que sean demasiado avanzados para ellos.

79

Enseñe a su hijo o hija a andar en bicicleta o en patines. Es una oportunidad
que no debe perder. Tal vez necesite en-
trenar antes de esta actividad. Necesita-
rá estar en forma, pues enseñar a un niño
a andar en bicicleta o a patinar requiere
que usted corra mucho junto a él.

Grabe en video las actividades deportivas de su hijo o hija y véalas después en compañía de uno o más de los amigos de él o ella. Haga de esto un acontecimiento social. Recuerde: ellos mismos pueden descubrir sus errores, así que usted no tiene por qué señalarlos.

Construya una cabaña en un árbol, lo cual puede ser sencillo: Busque dos árboles grandes que crezcan más o menos un metro uno del otro. Por la parte exterior de los troncos, para que sirvan de apoyo, sujete con clavos dos tablas de cinco por diez centímetros entre los árboles. Clave otras dos tablas de un soporte a otro. Añada una pequeña escalera y una barandilla. Después de eso, lo recordarán para siempre.

Permita que su hijo o hija brinde y entrechoque copas (o tazas) durante las celebraciones familiares, como aniversarios, cumpleaños y otros acontecimientos felices.

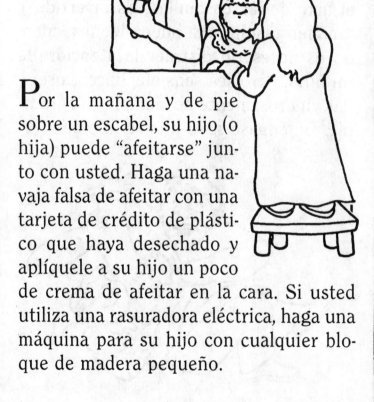

Por la mañana y de pie sobre un escabel, su hijo (o hija) puede "afeitarse" junto con usted. Haga una navaja falsa de afeitar con una tarjeta de crédito de plástico que haya desechado y aplíquele a su hijo un poco de crema de afeitar en la cara. Si usted utiliza una rasuradora eléctrica, haga una máquina para su hijo con cualquier bloque de madera pequeño.

Parece ser más probable que los papás gustan más que las mamás de practicar el arte de las cosquillas. Es divertido y también resulta una buena técnica cuando es necesario distraer la atención de un niño. Pero sea sensible: hacer cosquillas vigorosamente no siempre es agradable. Deténgase si su hijo se lo pide.

¡Ya, ya, ya!

"¡Es un pájaro...!
¡Es un avión...!
¡Es Super (nombre del niño)!"

Este es un juego en el que participan el papá, tendido sobre el piso, y su hijo, a quien sostiene con las rodillas y los brazos mientras el pequeño "vuela".

Forme equipo con otro papá y su hijo para salir; por ejemplo, a desayunar el domingo, a realizar alguna actividad religiosa, a hacer un viaje al zoológico o a participar en alguna competencia deportiva.

P.D. ¿Por qué no invitar a uno o dos abuelos?

Con la ayuda de sus hijos, elabore un boletín de noticias y envíelo a amigos y parientes. Según su edad y talento, los niños pueden desempeñarse como redactores, ilustradores, reporteros o diseñadores. Si posee usted una computadora en casa, incluso los niños pequeños pueden utilizarla para ilustrar y diseñar el boletín.

88

Ya sea que viva en el campo o en la ciudad, puede observar las estrellas junto con su hijo y disfrutarlo. Compre o saque prestado de la biblioteca un libro en que se hable de las constelaciones. O invierta en un pequeño telescopio para que también pueda ver de cerca los cráteres de la luna. Esto le dará la oportunidad de analizar junto con su hijo o hija nuestro lugar en el universo.

Seleccione un rompecabezas que a su hijo le encantará o permítale escoger uno que puedan armar juntos.

Luego, si descubre que ha creado un "monstruo de los rompecabezas", invierta en una bandeja o tabla que les permita llevar el juguete de un lado a otro de modo que no monopolicen la mesa del comedor.

Si vive usted en una zona donde haya luciérnagas, consígase un recipiente de vidrio o de plástico de boca ancha y con una tapa con orificios y en compañía de su hijo salga en la noche veraniega a atrapar esos insectos. Deje que el niño los ponga en libertad después de que haber disfrutado las luces o a la hora de acostarse, lo que suceda primero.

Aproveche todo las fiestas, ferias y conciertos gratuitos que se realicen en el lugar donde vive. Recuerde que sólo puede mantener la atención de su hijo o hija una hora o dos, así que obre en consecuencia.

Comparta con su hijo un imaginativo juego de dibujo. Haga que el niño escriba una letra mayúscula o minúscula grande en una hoja de papel en blanco. Luego utilice esto como base para dibujar cualquier cosa que se les ocurra. Cuando se trate de un niño de mayor edad, túrnense para elegir las letras y crear algo el uno para el otro.

Fomente en su hijo o hija el amor a los paisajes de invierno. No sólo en primavera y verano deben hacerse excursiones.

El invierno puede ser una buena época para explorar y buscas huellas de animales mientras disfruta de la ausencia de bichos.

Al pagar en un restaurante, una gasolinería o una taquilla, deje que su hijo o hija realice parte de la operación. Proporciónele el dinero para pagar. A medida que entienda mejor las matemáticas, podrá contar el cambio.

95

Ayude a su hijo o hija a limpiar su habitación o la cochera. Nos agrada que alguien nos dé la mano cuando llevamos a cabo una tarea molesta. Es también una ocasión para demostrar la amistad.

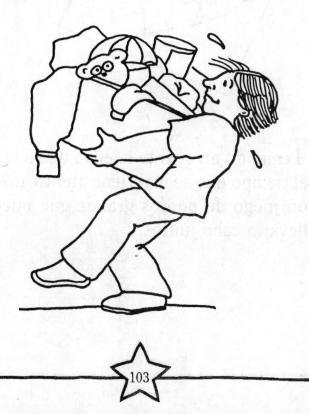

96

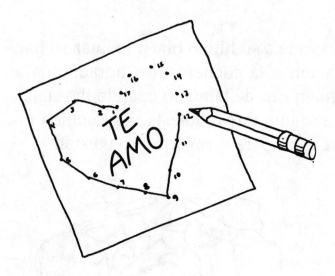

Teniendo en cuenta la edad de su hijo y el tiempo que se mantiene atento, diseñe un juego de puntos grande que puedan llevar a cabo juntos.

Tome clases junto con su hijo; por ejemplo, de arte, de cocina o de karate. En cuanto a clases para principiantes, en ocasiones existen pocas restricciones en lo que se refiere a edad o género.

98

limonada
$2.50

Ayude a su hijo o hija a instalar un puesto de venta de limonada al menos una vez durante su infancia. Registre el acontecimiento en fotos o en video.

Pídale a su hijo que cree una pieza de arte dedicada a usted para enmarcarla y colgarla en su lugar de trabajo.

Considere la idea de aprender a practicar (al menos a entender) el pasatiempo favorito actual de su hijo o hija, ya se trate de juegos de video, de vestir muñecas, de coleccionar piedras o latas de cerveza o de leer libros sobre dinosaurios.

Al igual que los adultos, a los niños les gusta compartir con sus seres queridos las cosas de que disfrutan.

Léale a sus hijos.

Trate de dedicar un poco de su tiempo diario a leer juntos. Seleccione un lugar especial para ello, que puede ser tan sencillo como un montón de almohadas en la sala. No continúe la lectura de algo que usted o sus hijos no disfrutan, pero hágalo incluso después de que los pequeños aprendan a leer. Asegúrese de ocupar el mismo tiempo leyendo a sus hijos que a sus hijas.

Utilice la página siguiente para anotar algunas ideas sobre técnicas especiales para pasar el tiempo con sus hijos. (Tal vez recuerde cosas que su propio padre hacía y que por ello le parecía un padre especial.)

Ideas —————————————————————————

Impreso en:
Impresiones Alfa
Gral. Gómez Pedraza No. 13
Col. San Miguel Chapultepec
11850 - México, D.F., Octubre 1999